Copyright © 2019
Instituto Monsa de Ediciones

Editor and Project Director
Anna Minguet

Graphic Design
Gemma Villegas

Text Editing
Monsa Publications

Printing
Cachiman Gràfic

Cover image
Lift House by Erica Allen Studio

Back cover images
Lille Arøya by AlexanderWestberg,
Ivar Kvaal and Lund Hagem
Casa sobre las rocas
by Entre las piedras Studio

Credits image
Kvitfjell by Sam Hughes
and Marc Goodwin

Publisher
Instituto Monsa de Ediciones

Gravina 43
08930 Sant Adrià de Besòs
Barcelona, Spain
+34 933 810 050
www.monsa.com
monsa@monsa.com

Shop online
www.monsashop.com

Follow us
Instagram @monsapublications
Facebook @monsashop

ISBN: 978-84-17557-00-3
D.L. B 3211-2019

WOODEN HOUSES IN PURE NATURE

monsa

WOODEN HOUSES IN PURE NATURE

Wood is one of the best materials for construction on account of its versatility. Among other benefits, its outstanding features are its great capacity as a thermal and acoustic insulator; its remarkable ecological character; warm appearance; luminosity, and comfort, as well as its pleasant texture and feel. For these reasons, architects and designers use this noble material, which offers infinite possibilities for exterior design and decoration. Today, the new criteria for sustainable housing planning benefit from an inexhaustible source of ideas based on products derived from this material. Furthermore, the great variety of available wood, and the fact that it is easy to recycle, facilitate the construction of masterful and varied designs. New ways of joining and fixing have been formulated thanks to modern technology.

The contact with nature that this material affords has successfully revitalized the use of wood in domestic architecture. In this sense, the clients who request these types of housing do so because they believe in the benefits that wood brings to their lives, satisfying their tastes, their requirements, and their individual lifestyles. This type of client requires energy efficiency, modern construction technologies, rapid assembly times and lower costs. Houses on the side of a mountain, on rocky terrain, on cliffs by the sea, etc.; a perfect blend of contextual architecture and interior design. Whether because of their impossible location in many cases, or the irregularity of the terrain, the slope of the plots and their geological characteristics, innovative solutions are required in the planning of the structures and the building of the foundations.

Sometimes they are places with an extreme cold or hot climate. In addition, the awkward location can also cause extra difficulty for the delivery of construction materials. Diverse architects and firms such as Birdseye of New Hampshire, Atelier Oslo of Norway, Carney Logan Burke of Wyoming USA, Landau + Kindelbacher of Germany, have their most recent work on the following pages.

La madera es uno de los mejores materiales para la construcción por su versatilidad. Entre otros beneficios, destacan su gran capacidad como aislante térmico y acústico; su notable carácter ecológico; su aspecto cálido; su luminosidad y confort, así como su agradable textura y tacto. Por estas razones, arquitectos y diseñadores utilizan este noble material, que ofrece infinitas posibilidades para el diseño exterior y la decoración. Hoy en día, los nuevos criterios para la planificación de la vivienda sostenible se benefician de una fuente inagotable de ideas basadas en productos derivados de este material. Además, la gran variedad de maderas disponibles, y la facilidad de reciclaje, facilitan la construcción de diseños magistrales y variados. Gracias a la tecnología moderna se han formulado nuevas formas de unión y fijación.

El contacto con la naturaleza que proporciona este material ha revitalizado con éxito el uso de la madera en la arquitectura doméstica. En este sentido, los clientes que solicitan este tipo de viviendas lo hacen porque creen en los beneficios que la madera aporta a sus vidas, satisfaciendo sus gustos, sus necesidades y sus estilos de vida. Este tipo de cliente requiere eficiencia energética, modernas tecnologías de construcción, tiempos de montaje rápidos y costes más bajos. Casas en la ladera de una montaña, en terrenos rocosos, en acantilados junto al mar... una mezcla perfecta entre la arquitectura contextual e interiorismo. Ya sea por su ubicación imposible en muchos casos, como por la irregularidad del terreno, el desnivel de las parcelas y sus características geológicas obliga a soluciones innovadoras en la planificación de las estructuras y en la construcción de los cimientos.

En ocasiones, son lugares de clima extremo, además la complicada ubicación también puede suponer una dificultad extra para la llegada de los materiales de contrucción. Diversos arquitectos y estudios como Birdseye de Nuevo Hampshire USA, Atelier Oslo de Noruega, Carney Logan Burke de Wyoming USA, Landau + Kindelbacher de Alemania, tienen sus trabajos más recientes en las siguientes páginas.

2 CASAS EN PUERTECILLO
Puertecillo, Comuna de Navidad, Chile

Architecture **DANIEL DIAZ M. / 2DM** Building Company **INVERSIONES WANKA**

Area **118m²** Year **2016** Photography **2DM** Contact **WWW.2DM.CL**

The commission consisted of two waterfront houses, on a narrow piece of land, compressed by the sea and a cliff. Thus, the question arises immediately: how not to fall into the evident blatancy of the view to the sea, having it in front like an unavoidable scene with no mediating between sight and sea? The answer is to measure. A volume is then proposed that revolves in itself to receive the sea as a surprise, as a violent blow of sight, and a different perspective each and every time, as a sight that cannot be anticipated.

We can say that it is a work that achieves, not an immense, unique sea, but several, that of the northern rockery, Punta Puertecillo to the south, and so on. In this way, the two volumes that contain and tighten the volume appear: the sea and the cliff.

El encargo consistía en 2 casas en primera línea frente al mar, en una porción de terreno estrecho, comprimido por el mar y el acantilado. Así, surge de inmediato la pregunta: ¿cómo no caer en la obviedad de la vista al mar, teniéndolo en frente como una vista ineludible sin mediar entre vista y mar. La respuesta mas que mediar, es medir. Se propone entonces un volumen que se gira en si mismo para conseguir al mar como sorpresivo como un golpe de vista, y uno distinto cada vez, como una vista que no se puede anticipa

Podemos decir que se trata de una obra que logra, no un mar inmenso, único, sino varios, el del roquerío del norte, el de Punta Puertecillo al sur, etc. De este modo también es que comparecen al unísono en el volumen publico del 3er piso, las dos realidades que contienen y tensan el volumen: el mar y el acantilado, midiéndose cada uno como fin (finalidad) del volumen elongado.

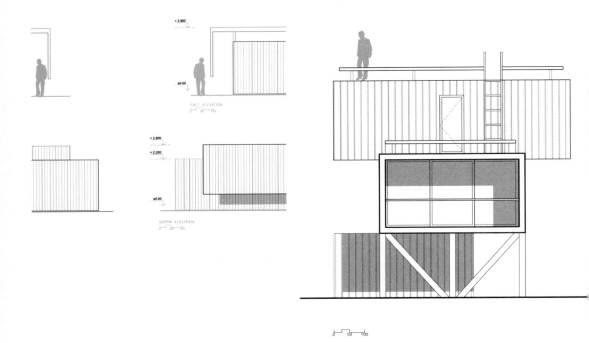

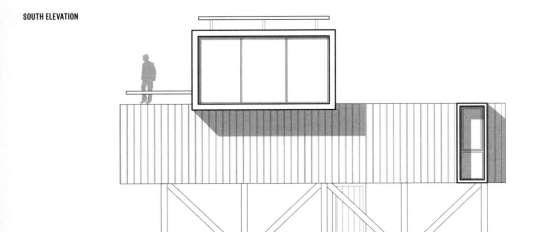

14

SECTION AA

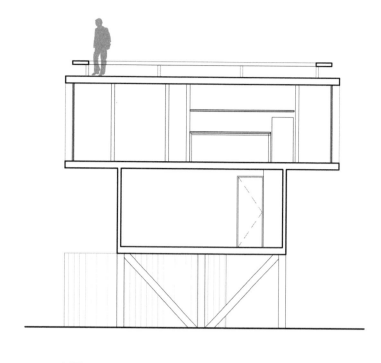

0 50 100

SECTION BB

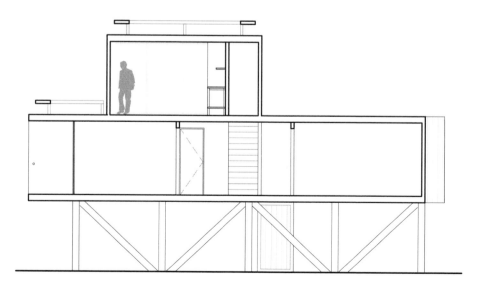

0 50 100

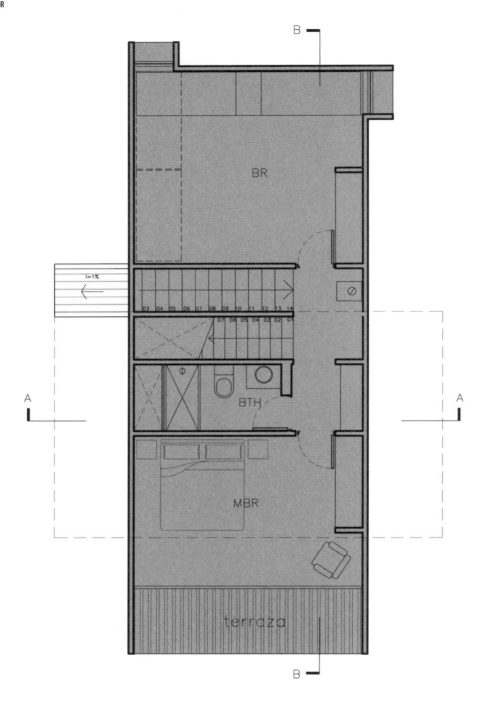

B

B

A

A

i=1%

03 04 05 06 07 08 09 10 11 12 13 14

07 06 05 04 03 02 01

BR

Ø

BTH

Φ

MBR

terraza

0   50   100

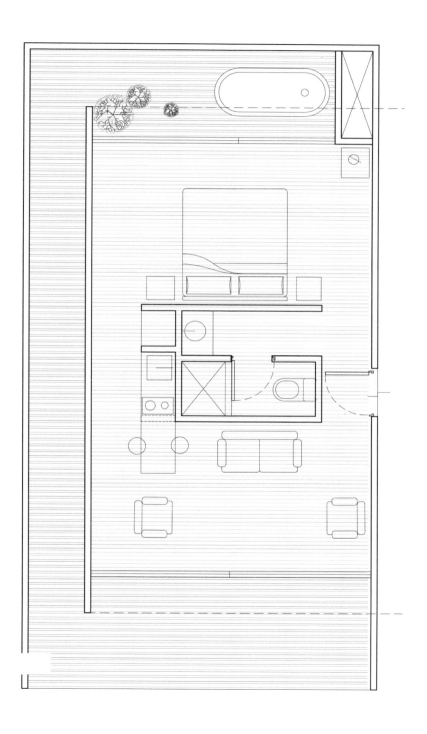

WANKA LODGE
Puertecillo, Chile

Architecture **DANIEL DIAZ M. / 2DM**   Building Company **INVERSIONES WANKA**

Area **118m²**   Photography **2DM**   Contact **WWW.2DM.CL**

The project consisted in the design of a series of cabins for 2 people in a reduced size lot which forced to make privacy the main target to consider in the design process. As the number of cabins increased, more privacy was required. This is how each unit is conceived as an interior, as a continuous element that becomes floor, wall or sky. This operation creates double walls generating an acoustic protection towards the nearest neighbors. In this way the fold begins its closing towards its more opaque centre making it appear only with a bouncing light, praising the requiered intimacy.

El encargo consistía en el diseño de una serie de cabañas para dos personas en un terreno de tamaño bastante reducido, lo cual obligaba a hacer de la privacidad la principal meta a considerar en la fase de diseño. A medida que se aumentaba la cantidad de cabañas, mayor privacidad era requerida pues comenzaban a acercarse unas a otras. Así es como se propone cada cabaña como un interior a partir de una operación de pliegue y despliegue de un elemento continuo que se vuelve suelo, muro o cielo. Esta operación genera apropiadamente dobles muros generando una contención acústica hacia los vecinos mas próximos. De esta manera el pliegue comienza su cierre hacia su núcleo más opaco haciéndolo aparecer solo con una luz que rebota, consiguiendo la intimidad requerida.

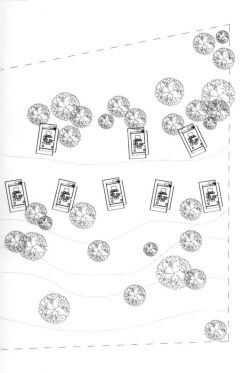

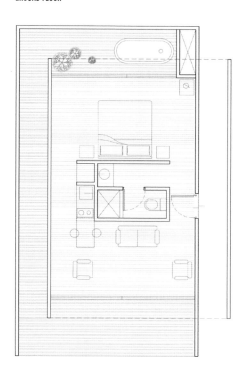

EST ELEVATION

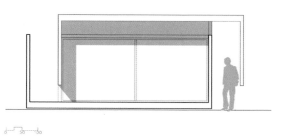

UTH ELEVATION

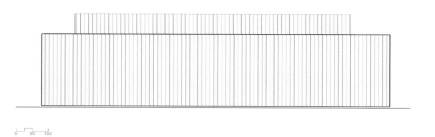

HOUSE IN TOKIWA
Sapporo Hokkaido, Japan

Architecture MAKOTO SUZUKI   **Engineering** DEN KOUBOU
Building Company OWL LOGHOMES   **Area** 240m²   **Year** 2015
Photography GRAYTONE PHOTOGRAPHS INC.

House in Tokiwa is architecture that unites the architect's home and office, his wife's workplace, his father's villa, and a studio for a famous sculptor named Takenobu Igarashi through a shared space. The site is located in the outer suburbs of Sapporo, and faces a forest and river to the west side and a residential area to the east side. Japanese larch has been used on the exterior walls to suppress floor height, thus enabling the outer appearance of the structure to nestle among the pre-existing trees on the property; creating a modest appearance that blends it into the forest background. Interior floor levels, ceiling levels, and heights of apertures have been adjusted throughout the structure in order to invoke a sense that one is living deep within a forest.

In the summer, the structure is cooled by breezes emanating from the nearby river, and is protected from strong sunlight by broad-leaved hardwood trees on the east and west sides of the property. In winter, solar generated heat is acquired through the fallen leaves that surround the building.

Este proyecto arquitectónico une la casa y la oficina del arquitecto, el lugar de trabajo de su esposa, la villa de su padre y un estudio para un escultor local llamado Takenobu Igarashi a través de un espacio compartido. Está situado a las afueras de Sapporo, frent a un bosque y un río al lado oeste y una zona residencial al lado este. El alerce japonés se ha utilizado en las paredes exteriores para que el exterior de la estructura se integre entre los árboles preexistentes en la propiedad, creando una apariencia discreta que se mezcla con el fondo del bosque. Los niveles del suelo interior y del techo y las alturas de las aberturas han sido ajustados a través de la estructura para crear la sensación de estar viviendo en la profundidad de un bosque.

En verano, la estructura se refresca con las brisas que emanan del río cercano y está protegida de la fuerte luz solar por frondosos árboles, en los lados este y oeste de la propiedad. En invierno, el calor generado por la energía solar se adquiere a través de las hojas caídas que rodean el edificio.

24

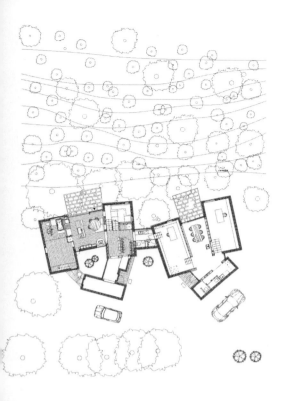

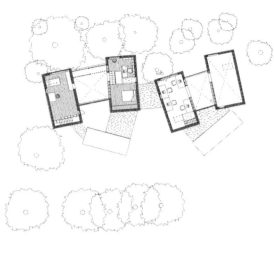

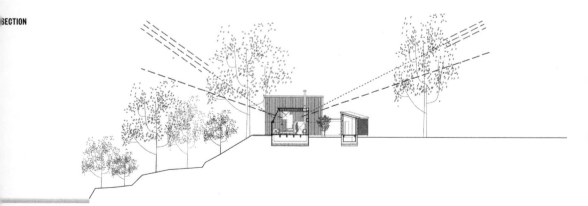

MEIJIE MOUNTAIN HOTSPRING RESORT
Liyang, China

Architecture **ACHTERBOSCHZANTMAN INTERNATIONAL**
Area **1,500m²** Year **2015** Photography **ANNA DE LEEUW**
Contact **WWW.ACHTERBOSCHZANTMAN.NL**

Meijie Mountain Hotspring Resort is located in Liyang, China. The resort hides itself in the city's most beautiful Longtan Forest, which is lying between Tianmu Lake and Nanshan Bamboo. The elegant resort is a benchmark for sustainable eco design. The Meijie Mountain Hotspring Resort integrates four ecological elements: forest, tree houses, hot spring and mountains. The resort is suitable for ecological and recreational tourism as well for commercial gatherings.

To minimize the ecological footprint the 31 houses are cleverly setup on poles in the lush treetops of the Nanshan jungle. They are constructed with local natural materials such as bamboo and local wood. The resort's hot springs are streaming along the hillsides and lying on the meadow, with the sky and mountains reflecting in it. The spring water is clear and mild. The interior and exterior design are unified, in order to ensure a perfect final result, all the details including furniture and light are all chosen by Achterboschzantman architect.

Meijie Mountain Hotspring Resort se encuentra en Liyang, China. El resort se esconde en el bosque de Longtan, el más bello de la ciudad, que se encuentra entre el lago Tianmu y Nanshan Bamboo. El elegante resort es un punto de referencia para el diseño ecológico sostenible. El Meijie Mountain Hotspring Resort integra cuatro elementos ecológicos: bosque, casas en los árboles, aguas termales y montañas. El resort es apto para el turismo ecológico y recreativo, así como para reuniones comerciales.

Para minimizar la huella ecológica, las 31 casas están ingeniosamente colocadas sobre postes en las exuberantes copas de los árboles de la selva de Nanshan. Están construidas con materiales naturales locales como el bambú y la madera local. Las aguas termales del balneario fluyen a lo largo de las laderas de las colinas y se extienden sobre la pradera, con el cielo y las montañas reflejados en ella. El agua del manantial es clara y suave. El diseño interior y exterior están unificados, para asegurar un resultado final perfecto, todos los detalles incluyendo el mobiliario y la luz son elegidos por el arquitecto Achterboschzantman.

CLUB HOUSE ELEVATIONS

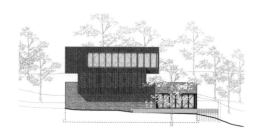

GROUND FLOOR

FIRST FLOOR

SECOND FLOOR

SITE PLAN

TREE HOUSE CONCEPT

BUNNY RUN BOAT DOCK
Austin, Texas, United States

Architecture **ANDERSSON-WISE**   Landscape Architect **MARK WORD DESIGN**
Structural Engineering **ARCHITECTURAL ENGINEERS COLLABORATIVE**
Civil Engineering **AUPPERLE COMPANY**   Building Company **PILGRIM BUILDING COMPANY**   Area **238m²**   Year **2015**   Photography **ANDREW POGUE**

The Bunny Run Boat Dock, located on the shore of Lake Austin, is an exploration of material and massing intended to look so blended into the site that it appears softly in a state of natural decomposition. The structure is an all exterior experience. Walls, ceilings and retractable screens create layers of enclosure. A variety of wood species –Sinker Cypress floors, articulated Cedar walls and a painted ceiling made of Douglas Fir–form an environment that is consistent with the natural wooded shoreline of the lake.

The architectural palette is complemented by several reclaimed items: antique doors from India, a time worn butcher block from England and a steel structure that weathers naturally. The experience is intended to be an inviting homage to the beautiful climate and setting. A place to become connected to and surrounded by nature.

El Bunny Run Boat Dock, situado a orillas del lago de Austin, es un estudio de los materiales y del volumen con la intención de que parezca tan mezclado con el sitio que aparezca suavemente en un estado de descomposición natural. La estructura es toda una experiencia exterior. Las paredes, los techos y las pantallas retráctiles crean capas de cerramiento. Una variedad de especies de madera –suelos de ciprés, paredes articuladas de cedro y un techo pintado de abeto Douglas– forman un ambiente que se integra a la perfección con la arbolada orilla del lago.

La paleta arquitectónica se complementa con varios elementos recuperados: puertas antiguas de la India, una tabla de carnicero desgastada por el paso del tiempo de Inglaterra y una estructura de acero que envejece de forma natural. La experiencia pretende ser un homenaje a la belleza del clima y del entorno. Un lugar para estar conectado y rodeado de naturaleza.

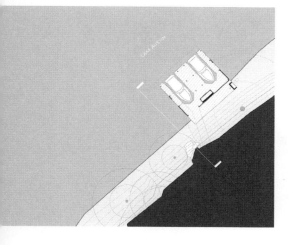

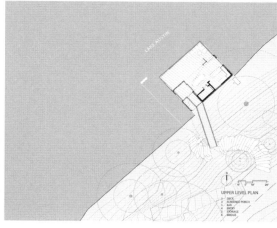

SITE PLAN

TOWER HOUSE
Leander, Texas, United States

Architecture **ANDERSSON-WISE**   Structural Engineering **DUFFY ENGINEERING**
Building Company **CONSTRUCTION ARTS**   Area **111m²**   Year **2008**
Photography **ART GRAY**

There are small limestone cabins from the 1930s located along Lake Travis, the longest of the Highland Lakes that terrace the hill country west of Austin, and they are used primarily in the summer. One such cabin sits on a slope rising from the water under a canopy of native oaks and cedars. It had one large room, a little sleeping room, a kitchen, and a porch facing the water. Our client requested two additional bedrooms with baths and a living area for larger groups to gather. We chose to locate the new sleeping quarters in a separate tower. Two small bedrooms occupy the first and second floors.

Above, a third level terrace opens to a panorama of the lake and distant rolling hills. On this terrace, some thirty feet above the ground, even the hottest summer afternoon can be enjoyed under a roof open to the prevailing breezes blowing in from the lake. The original stone cabin is now juxtaposed with a vertical tower of wood, rising up out of the forest and into the bright Texas sky. The Tower draws you up to see the lake, barely visible at ground level through the thicket of trees.

A lo largo del lago Travis, el más largo de los Highland Lakes, están ubicadas unas pequeñas cabañas de piedra caliza de la década de 1930 junto a las colinas al oeste de Austin, que se utilizan principalmente en el verano. Una de estas cabañas se encuentra en una pendiente que se eleva desde el agua bajo un dosel de robles y cedros nativos. Tenía una sala grande, un pequeño dormitorio, una cocina y un porch frente al agua. Nuestro cliente solicitó dos habitaciones adicionales con baños y una sala de estar más grande para reuniones de grupo. Elegimos ubicar los nuevos dormitorios en una torre separada. Dos pequeños dormitorios ocupan la primera y segunda planta.

Arriba, una terraza de tercer nivel se abre a un panorama del lago y de las lejanas colinas. En esta terraza, a unos diez metros sobre el nivel del suelo, se puede disfrutar incluso de la tarde de verano más calurosa bajo un tejado abierto a las brisas que soplan desde el lago. La cabaña de piedra original está ahora yuxtapuesta con una torre vertical de madera que se eleva desde el bosque hacia el brillante cielo de Texas.

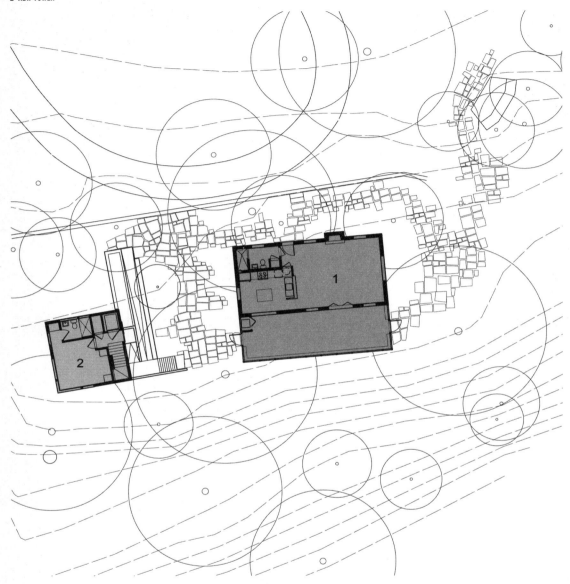

GROUND FLOOR

SECOND FLOOR

THIRD FLOOR

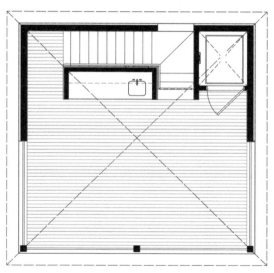

0   5'   10' NORTH

CABIN ON FLATHEAD LAKE
Polson, Montana, United States

Architecture **ANDERSSON-WISE** Structural Engineering **ECLIPSE ENGINEERING**
Building Company **JOHN MCCAIN** Area **125m²** Year **2007**
Photography **ART GRAY**

Locals call the granite and shale cliff overlooking Montana's Flathead Lake "The Matterhorn". It is a place to observe the natural world: the lake, the surrounding ponderosa pine forest, and especially the eagles and ospreys that nest nearby. Together, the water, cliff, and trees form a classic picture of the expansive American West, and it is clear why Montana is still known as North America's great destination. Within this context, the cabin's diaphanous volume is set on six steel piers that are delicately anchored to concrete blocks set into the slope.

Screened walls enclose a living area, which has an open floor plan and wood slat floors that extend outside. Amenities are sparse but not neglected: a small kitchen, bathroom, and shower allow guests an overnight stay. The cabin has no heating or cooling system and running water is pumped from the lake below.

Los lugareños llaman "El Matterhorn" al acantilado de granito y esquisto que domina el lago Flathead de Montana. Es un lugar para observar el mundo natural: el lago, el bosque de pinos ponderosa de alrededor y especialmente las águilas y águilas pescadoras que anidan en las cercanías. Juntos, el agua, los acantilados y los árboles forman una imagen clásica del extenso oeste americano y queda claro por qué Montana sigue siendo conocida como el gran destino de Norteamérica. En este contexto, el volumen diáfano de la cabaña está fijado sobre seis pilares de acero que están delicadamente anclados a bloques de hormigón colocados en la pendiente.

Las paredes con mosquiteras encierran un área de estar, que tiene un plano abierto y suelos de madera que se extienden hacia el exterior. La zona de servicios es pequeña pero no por ello descuidada: una pequeña cocina, un baño y una ducha permiten a los huéspedes pernoctar. La cabaña no tiene sistema de calefacción o refrigeración y el agua corriente se bombea desde un lago muy cercano.

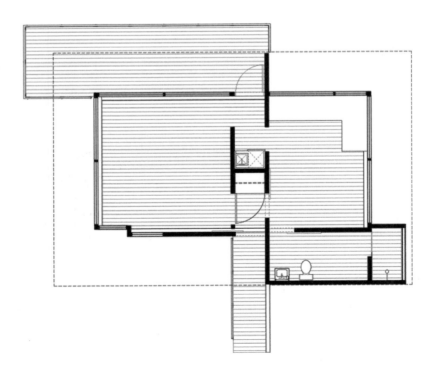

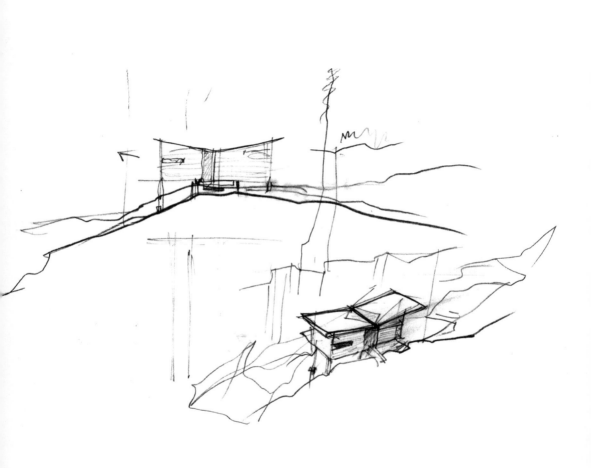

KVITFJELL Winter Cabin
Kvitfjell-Ringebu, Norway

Architecture **LUND HAGEM ARKITEKTER** Gross Areas **MAIN CABIN ≈120m²**
+ ANNEX ≈30m² + CARPORT Year **2016** Photography **SAM HUGHES**
+ MARC GOODWIN Contact **WWW.LUNDHAGEM.NO**

The site is located at one of the highest buildable plots within the Kvitfjell Ski Resort hosting uninterrupted views and dramatic topography. The vegetation consisting of birch and pine trees create a natural filter towards the road, and the ski resort further down the mountain. The two volumes are placed near the site boarders, thus creating a sheltered "courtyard" open to the evening sun. The main cabin and the annex are built on stilts, not to interfere with the ground.

To emphasise the idea of the summer cabin in the mountain, the volumes are wrapped in thin, vertical louvers. Creating a light "veil-like" quality towards the courtyard as well as protecting the recessed glass behind. The plan is shaped to frame the remarkable views over the mountains, from both the common areas and the master bedroom. Ore-pine louvers treated with iron sulphate cover the exterior layer whereas painted Pine covers the inner exterior and interior facades. The outside floors and ceilings are untreated Pine, the inside is oiled Oak.

La cabaña está situada en una de las parcelas edificables más altas de la estación de esquí de Kvitfjell, con vistas infinitas y una topografía espectacular. La vegetación, de abedules y pinos, crea un filtro natural hacia la carretera y hacia el resort de esquí situado más abajo. Los dos volúmenes están situados cerca de los límites del terreno, creando así un "patio" protegido abierto al sol de la tarde. La cabaña principal y el anexo están construidos sobre pilotes, para no interferir con el suelo.

Para enfatizar la idea de cabaña de verano en la montaña, los volúmenes están envueltos en finas lamas verticales que crean una especie de "velo" ligero hacia el patio y protegen el cristal de detrás. El plano está diseñado para enmarcar las impresionantes vistas sobre las montañas, tanto desde las zonas comunes como desde el dormitorio principal. Las persianas de madera de pino tratada con sulfato de hierro cubren la capa exterior, mientras que las de pino pintado cubren las fachadas interiores y exteriores. Los suelos y techos exteriores son de pino sin tratar, el interior de roble aceitado.

SITE PLAN

SECTIONS

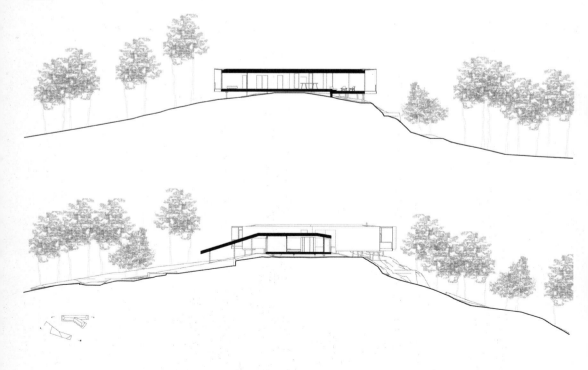

MAIN CABIN

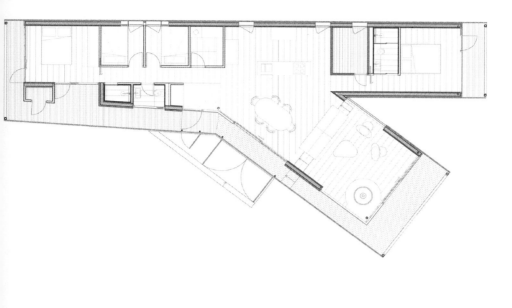

ANNEX

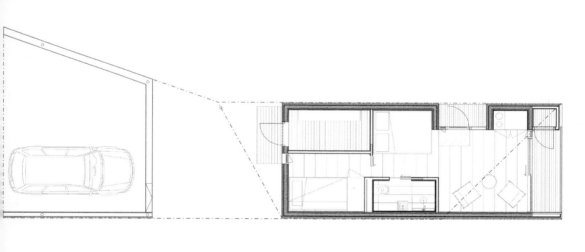

0   5   10m

LILLE ARØYA Summer Cabin Larvik, Norway

Architecture LUND HAGEM ARKITEKTER **Area** ≈75m² **Year** 2014
Photography ALEXANDER WESTBERG + IVAR KVAAL + LUND HAGEM
Contact WWW.LUNDHAGEM.NO

The site consists of a series of small island connected by hand-built bridges making a continuous and inhabitable landscape. The lack of flat surfaces, the closeness to the water and the desire not to interfere with the rock, dictated a solution out of the ordinary. The building creates a site on stilts that latches onto the island to unite the new with the old. Bedrooms and bathrooms are located in volumes placed on the threshold between the island and the new surface, whereas the roof spanning across the new deck creates a shelter for living.

The timber structure is visible forming the exterior and the interior. Glulam beams span from inside to outside and together with raw steel columns and a white concrete fireplace shape and colour the interior. Solid steel columns carry the "new site" for the house. The materials are kept to a minimum. Ore Pine is used outside and inside. Some of the exterior is stained black to tie in with the surroundings, the rest is left to patinate.

El proyecto consiste en una serie de pequeñas islas conectadas por puentes construidos a mano que forman un paisaje continuo y habitable. La falta de superficies planas, la cercanía al agua y el deseo de no interferir con la roca, dictaron una solución fuera de lo común. El edificio descansa sobre pilotes que se clavan a la isla para unir lo nuevo con lo viejo. Los dormitorios y los baños están situados en volúmenes situados en el umbral entre la isla y la nueva superficie, mientras que el tejado que abarca la nueva planta crea una zona de estar protegida.

La estructura de madera es visible formando el exterior y el interior. Las vigas de madera laminada se extienden desde el interior hacia el exterior y junto con las columnas de acero en bruto y una chimenea de hormigón blanco dan forma y color al interior. Sólidas columnas de acero soportan el "nuevo terreno" para la casa. Los materiales se mantienen al mínimo. El pino se utiliza tanto en el exterior como en el interior. Parte del exterior está teñido de negro para encajar con el entorno, el resto se deja que adquiera su pátina.

THE OAKS
Martha's Vineyard, Massachusetts, United States

Architecture **MARYANN THOMPSON ARCHITECTS** Year **2008**
Photography **CHUCK CHOI ARCHITECTURAL PHOTOGRAPHY**
Contact **WWW.MARYANNTHOMPSON.COM**

This house, within an ancient oak grove, wraps an existing hilltop knoll, rather than sitting atop it. This siting strategy allows for the primary reading and figure of the project, upon approach, to be that of the ferns, trees and sloped ground of the site. The house remains mysterious and de-objectified, and the landscape takes on the reading as the primary object of the project. The interior of the house develops along and unfolding spatial sequence that constantly orients and reorients the viewer to the site as one moves through the project, knitting the site and the house together.

The main living area of the house is oriented to the low sculptural branches of the large oaks at the top of the hill, angled to the south for sunlight. Overhangs and trellises shield the summer sun, yet are sized to let in winter light. The light shelf, under the clerestory, is glazed with reflective glass and throws a line of light onto the ceiling, dappled with the play of leaves in its reflection, bringing the patterns of the site deep into the project. The house also responds to the site in its material palate.

Esta casa, dentro de un anciano robledal, envuelve un montículo en la cima de una colina, en lugar de asentarse sobre este. Esta estrategia de localización permite que la lectura primaria y la figura del proyecto, al acercarse, sea la de los helechos, los árboles y el terreno inclinado del lugar. El interior de la casa se desarrolla a lo largo de una secuencia espacial que orienta y reorienta constantemente al espectador hacia el lugar a medida que se avanza en el proyecto, tejiendo el lugar y la casa juntos.

El salón principal de la casa está orientado a las ramas bajas escultóricas de los robles grandes en la cima de la colina, en ángulo hacia el sur para recibir luz solar. Los voladizos y los enrejados están diseñados para protegerse del sol del verano y para dejar entrar la luz del invierno. El estante ligero, bajo el claristorio, está acristalado con vidrios reflectantes y dirige una línea de luz hacia el techo, salpicada con el juego de las hojas en su reflejo, llevando los patrones del lugar a lo más profundo del proyecto. La casa también se identifica con el lugar en su paleta de materiales.

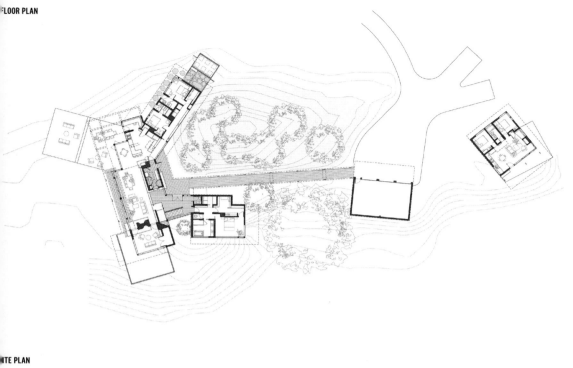

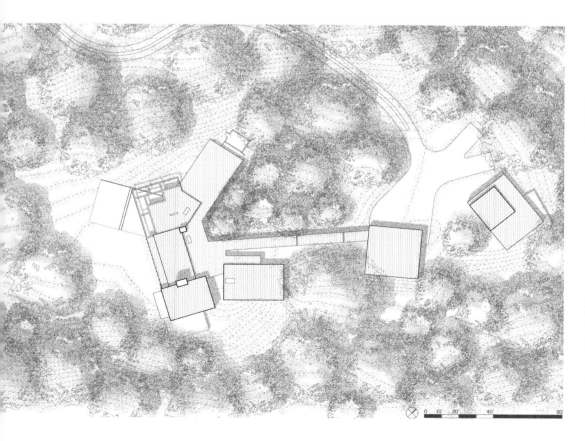

CASA SOBRE LAS ROCAS
Lipulli, Lago Colico,
IX región, Chile

Architecture **SCHWEMBER GARCÍA-HUIDOBRO ARQUITECTOS**

Structural Engineering **PATRICIO BERTHOLET** Building Company **SAN MANUEL**

Area **207m²** Year **2017** Photography **WWW.ENTRELASPIEDRAS.CL**
WWW.SGHARQUITECTOS.CL Contact **WWW.SGHARQUITECTOS.CL**

The house is located in the south of Chile, surrounded by a dense forest and large rocks from the last glaciation; in a crucial point, in a clearing of the forest to have good natural light and near to a rocky outcrop to separate from the water courses and humidity, and to gain the best views to the surroundings.

The house has been designed under the concept of refuge, like a house where the private places are of fair measures. On the other hand, the collective zones enjoy a biiger space that allows family life. The house is structured in the three axes of the Y: The north axis, corresponds to the sector of the owners, looking at a forest of oaks and ulmos. The western axis corresponds to the sector of children and guests bedrooms. The eastern axis, which corresponds to the dining room, looks at the clearing of the forest and the mountains. Finally, in the centre, where all the axes meet, there is a kitchen. Access is by a rusted steel footbridge.

La casa está ubicada en el sur de Chile, rodeada por un denso bosque y grandes rocas de la última glaciación. La casa se emplazó en un punto crucial: un claro del bosque para tener buen soleamiento, sobre un roquerío para separarse de los cursos de agua y humedad, y a su vez ganar las mejores vistas a los alrededores.

La casa se ha diseñado bajo el concepto de refugio, es decir, una casa donde los lugares privados son de medidas justas. En cambio, las zonas colectivas gozan de una amplitud que permiten la vida en familia. La casa se estructura en los tres ejes de la Y: El eje norte, corresponde al sector de los dueños de casa, el cuál mira a un bosque de robles y ulmos. El eje poniente, corresponde al sector de dormitorios de hijos e invitados. El eje oriente, que corresponde al estar comedor, mira al claro del bosque y las montañas. Y finalmente, en el centro, en el encuentro de todos los ejes, se ubica una cocina.Exteriormente, se accede por una pasarela de acero oxidado.

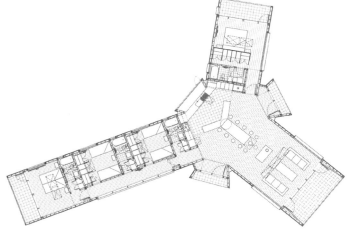

VILLA HOLTET
Oslo, Norway

Architecture **ATELIER OSLO** Building Company **KJETIL ERIKSEN** Area **214m²**
Site Area **600m²** Year **2015** Photography **LARS PETTER PETTERSEN**
+ GUNNAR SØRÅS Contact **WWW.ATELIEROSLO.NO**

The starting point for this task was a typical challenge in Oslo: densification in an area of existing single family houses. The plot was a lovely old garden. It was important for us to preserve much of the garden, therefore, the ground floor has a relatively limited footprint, while the larger upper floor cantilevers out creating covered outdoor areas. The house is broken up into smaller volumes to adapt to the relatively tight situation and the scale of the surrounding buildings.

As an addition to the garden, and as compensation for the reduced view, the project creates an inner landscape, a sequence of rooms with varying scale and use, different degrees of transparency and privacy, changing views and light conditions. The central double height living room is the heart of the house and connects all the rooms and areas. The room is surrounded in first floor by lobby, kitchen and dining room, and the garden with its various outdoor areas. A staircase leads up to a gallery with access to bedrooms and bathrooms. A large skylight provides varied light and shadow effects through the day. The house structure is prefabricated wooden columns and beams. All structure parts are exposed in the interior of the project.

El punto de partida del proyecto fue un reto típico en Oslo: la densificación de una zona de viviendas unifamiliares existentes. La parcela era un hermoso jardín. Para nosotros era importante conservar gran parte de este, por ello, la planta baja tiene una huella relativamente limitada, mientras que los voladizos más grandes de la planta superior crean áreas exteriores cubiertas. La casa está dividida en volúmenes más pequeños para adaptarse a la situación relativamente ajustada y al tamaño de los edificios vecinos.

Como complemento al jardín, y como compensación por la vista reducida, el proyecto crea un paisaje interior, una secuencia de habitaciones con diferentes escalas y usos, diferentes grados de transparencia y privacidad, vistas y condiciones de luz cambiantes. La sala de estar central de doble altura es el corazón de la casa y conecta todas las habitaciones y zonas. Está rodeada en la primera planta por el vestíbulo, la cocina y el comedor y el jardín con sus diversas áreas al aire libre. Una escalera conduce a una galería con acceso a los dormitorios y baños. Una gran claraboya proporciona una gran variedad de efectos de luz y sombra a lo largo del día. La estructura de la casa está formada por columnas y vigas de madera prefabricadas. Todas las partes de la estructura están expuestas en el interior del proyecto.

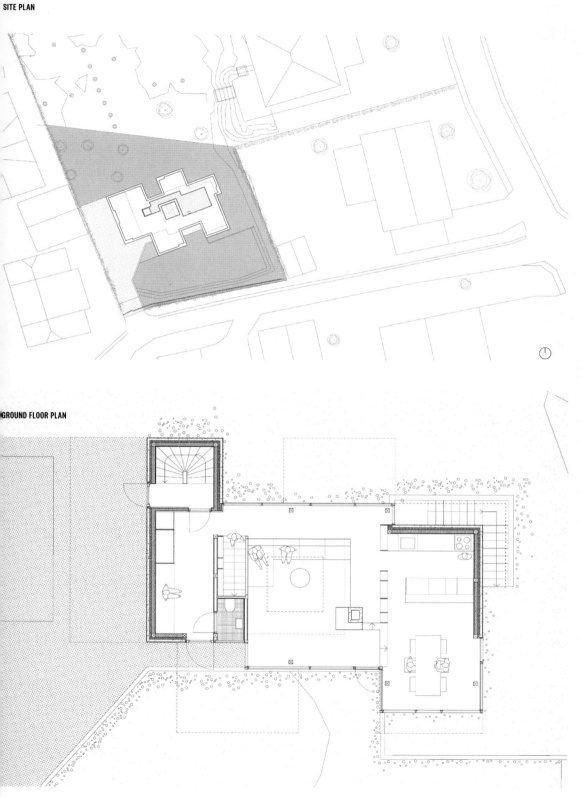

SITE PLAN

GROUND FLOOR PLAN

HOUSE ON AN ISLAND
Skåtøy Island, Norway

Architecture **ATELIER OSLO**   Consultancy **BOHLINGER + GROHMAN INGENIEURE**
Building Company **ADMAR**   Area **70m²**   Site Area **700m²**   Year **2018**
Photography **NILS VIK + THOMAS LIU + CHARLOTTE THIIS-EVENSEN**
Contact **WWW.ATELIEROSLO.NO**

The small house is situated on an island on the south coast of Norway. The site is characterized by smooth and curved rocks that goes down towards the ocean. The topography of the site was carefully measured to integrate the rocks into the project. Concrete floors in different levels connect to the main levels of the topography and create a variety of different outdoor spaces. The concrete floors and stairs dissolve the division of inside and outside. The interior becomes part of the landscape and walking in and around the cabin gives a unique experience, where the different qualities from the site becomes part of the architecture.

A prefabricated timber structure is placed on the concrete floors and at last a light wood structure covers the cabin to filter the light and direct the views. The wood structure has a depth that creates a play of shadows through the day and a calm atmosphere resembling the feeling of sitting under a tree. A small annex creates a fence towards the neighbor building and another sheltered outdoor space. All exterior wood is Kebony which is a special heat- treated wood that will turn grey and require no maintenance.

La pequeña casa está situada en una isla de la costa sur de Noruega. El terreno se caracteriza por sus rocas lisas y curvas que descienden hacia el océano. Su topografía fue cuidadosamente medida para integrar las rocas en el proyecto. Los suelos de cemento en diferentes niveles conectan con los principales niveles de la topografía y crean una variedad de diferentes espacios al aire libre. Los suelos y escaleras de cemento disuelven la división entre el interior y el exterior. El interior se convierte en parte del paisaje y caminar dentro y alrededor de la cabaña ofrece una experiencia única, donde las diferentes cualidades del sitio se convierten en parte de la arquitectura.

Una estructura de madera prefabricada se coloca sobre los suelos de hormigón y finalmente una estructura de madera ligera cubre la cabaña para filtrar la luz y dirigir las vistas. La estructura de madera tiene una profundidad que crea un juego de sombras a lo largo del día y una atmósfera tranquila que se asemeja a la sensación de estar sentado bajo un árbol. Toda la madera exterior es Kebony, que es una madera especial tratada térmicamente que adquirirá un tono gris y que no requiere mantenimiento.

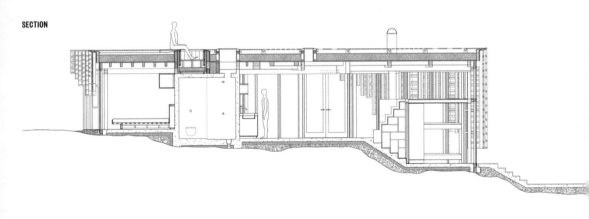

LIFT HOUSE
Vermont, United States

Architecture **BIRDSEYE**   Photography **ERICA ALLEN STUDIO**
Contact **WWW.BIRDSEYEVT.COM**

Lift House is sited on a narrow property adjacent to a ski trail on a Vermont mountainside. The footprint of the house is boomerang-shaped to fit the landscape, with sleeping spaces below and social spaces on the top floor to maximize views.

The reverse-living arrangement is emphasized in the materiality and massing of the house. The lower volume is a heavy, corten steel-clad form which anchors the house to the sloping mountainside and supports the floating form above. Entrances are nearly invisible. The upper form is a visually larger, cedar-clad cantilevered structure. The wood extends out to create a substantial hooded opening and covered deck for this floor, providing both shelter from the weather and privacy for the residents. This expansive form is composed of generous social spaces and large glazed walls with panoramic views of the ski trail and Vermont landscape.

Lift House está situada en una estrecha propiedad adyacente a una pista de esquí en la ladera de una montaña de Vermont. La huella de la casa tiene forma de bumerán para adaptarse al paisaje, con la zona de noche en la parte de abajo y las zonas comunes en el último piso para disfrutar al máximo de las vistas.

Esta inusual distirbución de la vivienda queda acentuada por la materialidad y el volumen de la casa. El volumen inferior es una forma pesada revestida de acero corten que sujeta la casa a la ladera inclinada de la montaña y soporta la forma suspendida de arriba. Las entradas son casi invisibles. El volumen superior es una estructura en voladizo, visualmente más grande, revestida de cedro. La madera se extiende hacia fuera para crear una gran abertura y una terraza cubierta, proporcionando protección contra el clima y privacidad para los residentes. Este extenso volumen se compone de generosos espacios sociales y grandes paredes acristaladas con vistas panorámicas de la pista de esquí y del paisaje de Vermont.

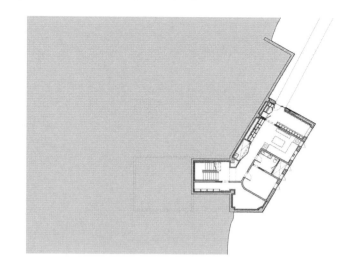

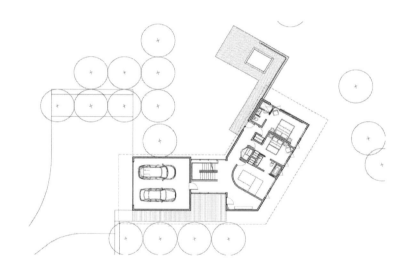

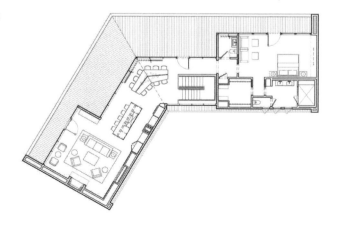

BUTTE RESIDENCE
Jackson, Wyoming, United States

Architecture **CARNEY LOGAN BURKE ARCHITECTS**

Interior Design **TIM MACDONALD**   Building Company **ADMA**   Building Site **38 ACRE**

House **706m²**   Artist Studio **65m²**   Year **2012**

Photography **MATTHEW MILLMAN (WINTER) / PAUL WARCHOL (SUMMER)**

Contact **WWW.CLBARCHITECTS.COM**

The 38-acre site for this family compound including a main house and art barn is located on an extraordinary site perched above Jackson, Wyoming. The site overlooks the confluence of the Snake and Gros Ventre Rivers and commands panoramic views of the mountains beyond. The design was driven by the desire to capitalize on the potential of this spectacular site while weaving the architecture of the compound into the topography. In addition, the owner, a collector of contemporary art and sculpture, wanted the buildings to show a character and materiality that respect western tradition but with clean, contemporary, light-filled spaces.

By breaking up the program into a series of volumes that range across the site, individual spaces open to varied views and access points. Gently curving roof forms separately capture public and private functions within the residential program. The roof profile mimics the soft shape of the butte and provides a series of broad protective canopies, which become a symbol for shelter in the harsh western landscape.

El terreno de 15 hectáreas para este complejo familiar, que incluye una casa principal y un anexo con obras de arte, se alza en un extraordinario terreno situado en lo alto de Jackson, Wyoming, que domina la confluencia de los ríos Snake y Gros Ventre y ofrece vistas panorámicas de las montañas. El diseño parte del deseo maximizar el potencial de este espectacular lugar con una arquitectura adaptada a la topografía. Además, el propietario, un coleccionista de arte contemporáneo y escultura, quería que los edificios mostraran un carácter y una materialidad que respetara la tradición occidental, pero con espacios limpios, contemporáneos y llenos de luz.

Al dividir el programa en una serie de volúmenes que se extienden a través del terreno, los espacios individuales se abren a vistas y puntos de acceso variados. Las formas suavemente curvadas del tejado diferencian las zonas públicas de las privadas dentro del programa residencial. El perfil de la cubierta imita el relieve suave del otero y forma una serie de amplias marquesinas protectoras, que se convierten en un símbolo de refugio en el áspero paisaje occidental.

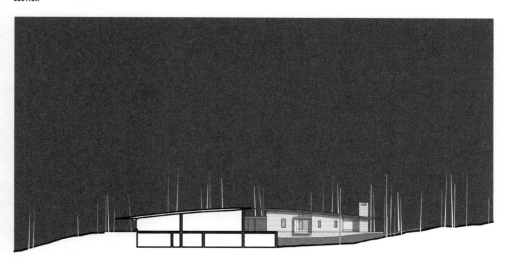

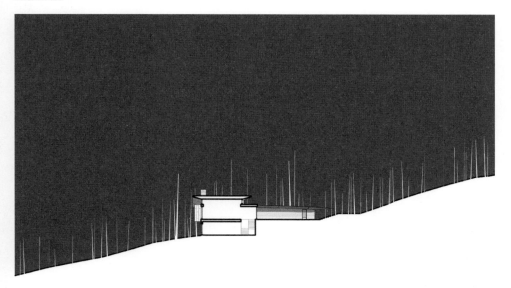

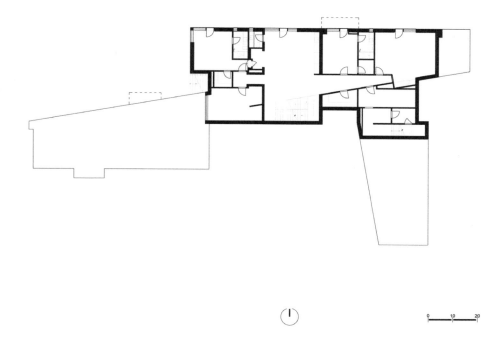

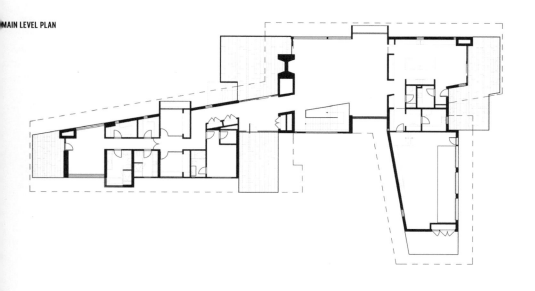

S-HOUSE
Tsukuba-city, Japan

Architecture **FRANK LA RIVIÈRE ARCHITECTS** Structural Engineering
A.S. ASSOCIATES, SUZUKI AAKIRA. MEP: PILOTIS INC, OGUMA MASAHARU
Area **87.8m²** Year **2015** Photography **FRANK LA RIVIÈRE**
Contact **WWW.FRANK-LA-RIVIERE.COM**

The client sought to build a one-story house full of light whilst protective of privacy. In response a square open plan lay-out was designed of 9.1 x 9.1 m based on the Japanese module for timber structures with high side windows, at each corner of the house, in order to create an interior with abundant natural light. These four 2.7 m high windows with light catchers, look like Four Ears against the sky, while the central roof light works as a sundial. The open plan guarantees the feeling of lightness, because all four highside windows remain visible, but also allows for an even distribution of cooled or heated air. The zoning is designed for flexibility.

A storage unit between the living zone and the sleeping zone together with two columns compose of a square in the center of the house purposed to be the living area, the core of daily life. All functions are grouped around this central square. The sleeping zone spans the whole width of the house and can be freely separated into three smaller zones by the movable wardrobes.

El cliente buscaba construir una casa de una planta llena de luz pero que protegiera su privacidad. Como respuesta se diseñó una planta abierta cuadrada de 9,1 x 9,1 m con estructuras de madera basadas en el módulo japonés con ventanas laterales altas, en cada esquina, para crear un interior con abundante luz natural. Estas cuatro ventanas, de 2,7 m de altura, parecen cuatro orejas contra el cielo, mientras que la luz central del tejado funciona como un reloj de sol. El plano abierto garantiza la sensación de claridad y además permite una distribución uniforme del aire frío o caliente. La zonificación está diseñada para ser flexible. Un módulo de armarios entre la zona de estar y la zona de noche junto con dos columnas componen un núcleo en el medio de la casa destinada a ser la sala de estar, el centro de la vida diaria. Todas las funciones están agrupadas alrededor de este núcleo. La zona de noche se extiende a lo largo de toda la casa y puede separarse libremente en tres zonas más pequeñas gracias a los armarios móviles.

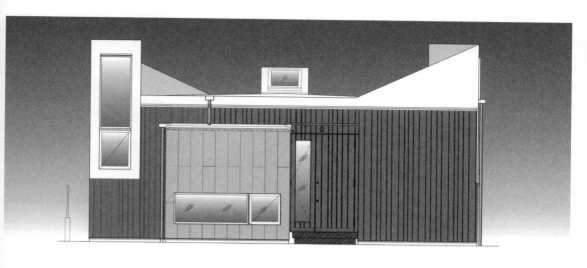

REDWOOD HOUSE
San Diego, California
United States

Architecture JEFF SVITAK INC   **Gross Build Area** 185m²
Year 2017   **Photography** ONNIS LUQUE / TOMOKO MATSUBAYASHI
Contact WWW.JEFFSVITAK.COM

A house and studio nestled into a unique canyon running through the city of San Diego. The concept was to diffuse the division between canyon and house, so that the two flow together seamlessly. Instead of a blunt massing object between the street and the canyon, the house is divided into separate massing elements, which allow the canyon to enter into the spaces of the house and studio through a slim courtyard element.

The house is accessed across a floating steel bridge, and through a sliding cedar door that begins the reveal moments and windows into the canyon setting beyond, although limited and controlled. From there the user travels through the various spaces of the house as the canyon unveils itself if full form. The living room space is a cantilevered room floating within the natural elements of the canyon. The circulation flows inside and out, access to the bedrooms is through an outdoor vestibule and then into a soft wood box where trees are the only visual element. The basement has another outdoor private access and is utilized as the architect's office and studio.

Una casa y un estudio enclavados en un cañón único que atraviesa la ciudad de San Diego. El concepto era suavizar la división entre el cañón y la casa, de modo que los dos fluyeran juntos a la perfección. En lugar de un objeto contundente entre la calle y el cañón, la casa está dividida en volúmenes separados, que permiten que el cañón entre en los espacios de la casa y el estudio a través de un patio estrecho.

El acceso a la casa se realiza a través de un puente flotante de acero, y a través de una puerta corrediza de cedro que desvela momentos y ventanas que se abren hacia el cañón, a la vez que delimitan el espacio. Desde allí, el usuario recorre los diferentes espacios de la casa a medida que el cañón se va descubriendo al completo. La zona de estar es una habitación en voladizo que flota dentro de los elementos naturales del cañón. La circulación fluye por dentro y por fuera, el acceso a las habitaciones es a través de un vestíbulo exterior y luego a través de una caja de madera donde los árboles son el único elemento visual. El sótano tiene otro acceso privado desde el exterior y se utiliza como estudio de arquitectura.

114

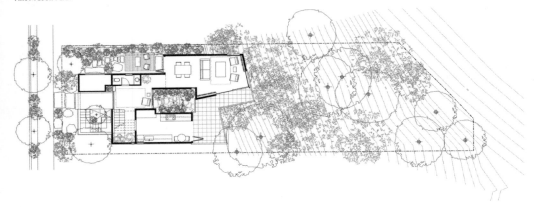

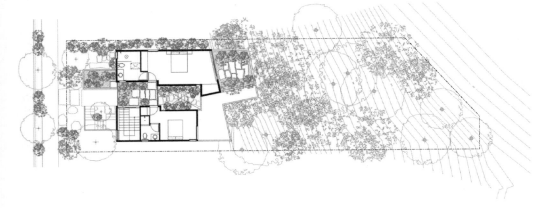

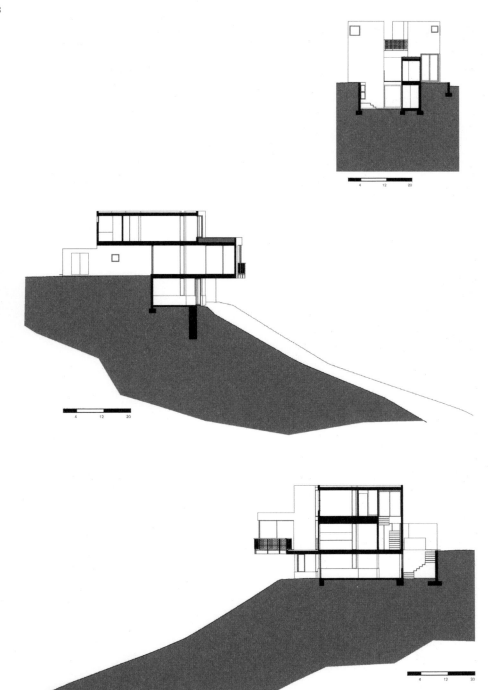

WEEKEND HOUSE HANSEN/LINDSTAD
Sildegarnsholmen, Herøy
Norway

Architecture **KNUT HJELTNES** Structural Engineering **SIV.ING. FINN-ERIK NILSEN**
Building Company **HANDVERKSBYGG** Gross Indoor Area **149,5m²** Year **2016**
Photography **SANDRA ASLAKSEN** Contact **WWW.HJELTNES.AS**

The site of the summer house is located in Hvaler Archipelago, in south eastern Norway. No heavy machinery was used building the cabin and the very complex rock formation of the site is left completely intact. A precise topographical map was made enabling us to prefabricate the post and beam construction in glue laminated spruce. The construction is left visible on both in- and outside.

The placement of the cabin brigdes the lower part of the site with a natural plateau overlooking the sea below. Within the tight 10m x 10m square a complex spatial sequence evolves with rooms with varied ceiling heights and both sheltered and open outdoor spaces. Outside the walls are clad with fiber cement boards in different colours, in an irregular pattern. Inside walls and celings are aspen plywood.

Esta casa de verano se encuentra en el archipiélago de Hvaler, en el sureste de Noruega. Para su construcción no se utilizó maquinaria pesada y la compleja formación del terreno se dejó intacta. Se realizó un mapa topográfico preciso que nos permitió prefabricar la construcción de postes y vigas en abeto laminado encolado. La construcción se deja a la vista tanto en el interior como en el exterior.

La ubicación de la cabaña conecta la part baja del terreno con una meseta natural con vistas al mar. Dentro del estrecho cuadrado de 10 m x 10 m se desarrolla una secuencia espacial compleja con habitaciones con alturas de techo variadas y espacios al aire libre abiertos y protegidos. En el exterior, las paredes están revestidas con paneles de fibrocemento de diferentes colores, con un patrón irregular. Las paredes interiores y los techos son de madera contrachapada de álamo.

122

ATTIC PLAN

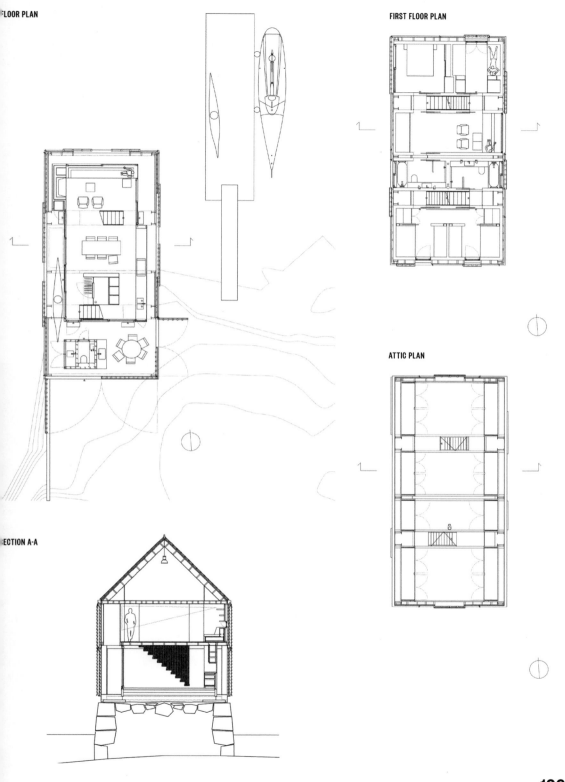

WEEKEND HOUSE STRAUME
Gravningsund, Nordre Sandøy
Norway

Architecture **KNUT HJELTNES** Structural Engineering **SOLVEIG SANDNESS**
Building Company **PETTER HENRIKSEN** Gross Area **68,6m²** Year **2014**
Photography **HANDVERKSBYGG / INGER MARIE GRINI / KNUT HJELTNES**
Contact **WWW.HJELTNES.AS**

An old timber warehouse was washed away by a hurricane in 1992 leaving only the stone foundation intact. We were allowed to erect a new building, with the same volume, reusing the old foundations. Because of the difficult building site it was decided to construct the complete 70 tons house on a nearby shipyard and lift it in place with an offshore crane. Seven steel frames establish the main construction, kept in place by the new concrete floor forming ground floor kitchen and living room. Four wooden volumes are mounted to these frames containing bathrooms, bedrooms and a media room.

The attic is a large insulated storage space, also suited for parties or providing sleeping space for a fair number of guests. Sheltered outdoor areas between the outer timber envelope and the proper insulated facade are used for outside work, dining, relaxation and all kinds of odd storage needed for fishing and other outdoor activities.

Un antiguo almacén de madera fue arrasado por un huracán en 1992, dejando intactos sol los cimientos de piedra, los cuales se reutilizaron para construir un nuevo edificio, con e mismo volumen, reutilizando algunos cimientos. Debido a la dificultad de la obra se decidi construir la casa completa de 70 toneladas er un astillero cercano y llevarla a su lugar con una grúa. Siete marcos de acero establecen la construcción principal, mantenida en su luga por el nuevo suelo de cemento que forma la cocina de la planta baja y la sala de estar. En estos marcos se montan cuatro volúmenes de madera que contienen baños, dormitorios y una sala multimedia.

El ático es un gran espacio de almacenamiento aislado, también adecuado para fiesta o para acoger un buen número de huéspedes. Las áreas al aire libre protegidas entre la envolvente exterior de madera y la fachada debidamente aislada se usan para trabajar, comer, relajarse y para almacenar artículos d pesca y de otras actividades al aire libre.

130

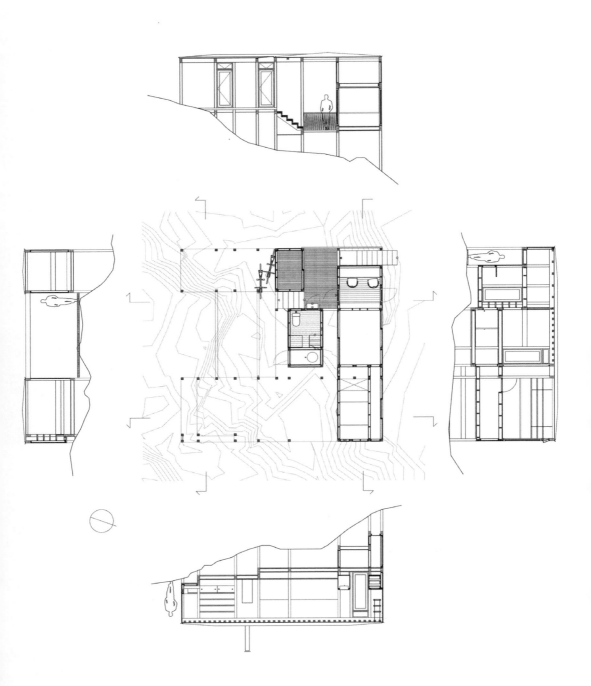

HOUSE BY THE LAKE
Munich, Germany

Architecture **LANDAU + KINDELBACHER**   Photography **CHRISTIAN HACKER**

Contact **WWW.LANDAUKINDELBACHER.DE**

Building plots with lake access in Munich's "Fünfseenland" (Five Lakes Region) are rare. All the luckier for the owners of this house with its fantastic location and the panoramic view of the Bavarian Alpine foreland. The site is characterised by its location on a steep slope with mature woodland, so that the entrance at street level leads to a two-storey living space stretching into the roof. Instead of a single large building, the rooms of the house with the adjacent building are distributed across two separate volumes, which develop as simple, compact structures. The archetypal construction absorbs the local form language, aptly translated in materiality and space usage requirements.

The solid natural stone plinth made of Wachenzell dolomite appears to grow out of the slope, whereas the rear-ventilated timber façade of rough-sawn spruce symbolises the attachment to the surroundings but through its form and colourfulness is the result of a completely modern interpretation. Towards the road, the façade is closed, but towards the lake is much more open.

Las parcelas edificables con acceso al lago en la "Fünfseenland" (Región de los Cinco Lagos) de Munich son escasas. Los propietarios de esta casa son muy afortunados por su fantástica ubicación y la vista panorámica de los Alpes bávaros. La obra se caracteriza por su ubicación en una ladera escarpada con un bosque maduro, de modo que la entrada a pie de calle conduce a una vivienda de dos plantas que se extiende hasta el tejado. En lugar de un solo edificio grande, las estancias de la casa están distribuidas en dos volúmenes separados, que se desarrollan como estructuras simples y compactas. La construcción arquetípica absorbe el lenguaje de formas local, traducido adecuadamente en requisitos de materialidad y uso de espacio.

La base de piedra maciza natural hecho de dolomita de Wachenzell parece salir de la pendiente, mientras que la fachada trasera de madera de abeto simboliza el apego al entorno pero su forma y colorido son el resultado de una interpretación completamente moderna. Hacia la carretera, la fachada está cerrada, pero hacia el lago está mucho más abierta.

SECTION

140

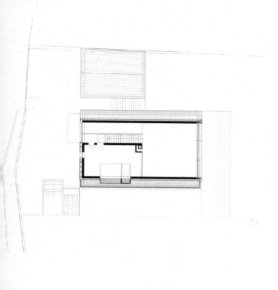

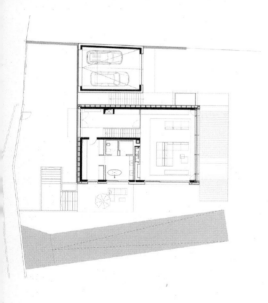